CONFÉRENCE SPIRITUELLE

SUR

M. L'ABBÉ VITAL LOUVEL

DÉCÉDÉ AUMÔNIER DU SACRÉ-CŒUR

LE MANS

IMPRIMERIE-LIBRAIRIE LEGUICHEUX ET Cⁱᵉ

15, RUE MARCHANDE ET RUE BOURGEOISE, 16

1888

CONFÉRENCE SPIRITUELLE

SUR

M. L'ABBÉ VITAL LOUVEL

DÉCÉDÉ AUMONIER DU SACRÉ-COEUR

Le 30 Octobre 1887

I

Messieurs,

Vous faire connaître notre regretté confrère, M. l'abbé Louvel, c'est vous révéler une vie pleinement sacerdotale. Je dis *révéler*, car pour la plupart, nous ne le connaissions pas. D'autres ont pu apprécier sa belle intelligence, l'étendue de son savoir, la rectitude de son jugement; nous, nous ne le considérons qu'au point de vue de ses vertus; elles nous apprendront comment, dans l'obscurité d'une carrière sans éclat, il est possible d'acquérir des mérites abondants. — Puissions-nous tous, mes très chers Frères, sans nous obliger à reproduire les détails de sa vie, nous présenter au Souverain-Juge, les mains aussi pleines que les siennes.

M. Vital-Louis LOUVEL ne brillait par aucune qualité extérieure; il n'avait pour lui, ni le prestige d'un physique imposant, ni la distinction des manières et du langage. Au contraire, sa simplicité l'exposait à être mal jugé, et, loin de poser pour se prévaloir, il semblait avoir pris à tâche de réaliser le conseil de saint Bernard, cité dans l'*Imitation de*

Jésus-Christ dont il faisait sa lecture quotidienne (l. Ier, ch. ii, ỳ 3) *Ama nesciri et pro nihilo reputari* (aimez à être ignoré, et réputé comme rien). — Malgré cela, il captiva l'estime et le respect de ceux qui l'ont approché. — Directeur au Grand-Séminaire, il continua la vie du séminariste exemplaire, pratiquant le règlement avec ponctualité. — Nous nous rappelons sa tenue édifiante aux exercices communs; il les faisait, les bras ordinairement croisés; jamais il ne levait la tête. A cette époque, tous les samedis, le sujet d'oraison était donné par l'un de MM. les Directeurs; celui de M. Louvel, moins brillant que certains autres, était d'une correction exacte, empreint de la plus grande piété, sans la moindre recherche de lui-même.

Toute sa personne portait l'empreinte de la mortification. Chaque soir, après avoir fait sa classe de sciences physiques, mis en place les instruments, quelle que fût la rigueur de la saison, il allait réciter son bréviaire dans la cour du Midi, y mettait un temps considérable, et ne se laissait distraire par quoique ce soit. Au réfectoire, craint-il que la nourriture l'entraine à la sensualité ? une de ses résolutions écrite, est de pratiquer la tempérance et la mortification. Parce qu'il était incapable de se déguiser, on voyait très bien qu'il prenait à tâche de s'attribuer les moindres morceaux. Plus tard au presbytère de Saint-Pavin, toujours austère à lui-même, il ne chercha aucunement à imposer à son vicaire, ni à personne sa manière de vivre. Sa table était fort convenable, il était seul à n'y pas faire honneur; surtout quand il recevait des parents ou amis, ce n'était jamais trop bien, il devenait prodigue. Mais dans les huit dernières années de sa vie, passées au Sacré-Cœur, libre alors de se mortifier sans contrainte, il porta l'austérité à l'excès, se traitant plus mal qu'un pauvre ouvrier. — Jamais il ne se plaignit que les mets ne fussent pas préparés à son goût; il observa la règle primitive du T. O. de saint François, qui consistait à jeûner tous les vendredis, à faire abstinence trois jours la semaine. Il le faisait sans ostentation, quand il était seul; car ces jours-là, étant à la table des autres, ou recevant à la sienne, il ne refusait rien. — Dans le carême et les autres jeûnes de l'Église, il ne prenait absolument rien le matin; quelquefois par exception un léger chocolat à l'eau; son repas de midi était on ne plus simple; sa collation se réduisait à une soupe dont il avait pesé le pain. Dans les autres temps, la soupe était son seul aliment du matin et du soir; à midi. l'unique pôt-au-feu du dimanche faisait tous les frais de la semaine. Peut-être ses retranchements sur la nourriture ont-ils dépassé les bornes de la discrétion, et abrégé ses jours; car le médecin appelé dans sa dernière maladie déclara que le mal dont-il était atteint, une jaunisse accidentelle, n'aurait pas eu de gravité, mais son estomac était absolument usé.

Pendant l'hiver, au Séminaire, il se chauffait fort peu, également à Saint-Pavin. Dans les plus grandes rigueurs de la saison, il était dans sa chambre, ramassé sur lui-même, souffrant incontestablement du froid, devant sa table de travail, étudiant ou écrivant, et refusant avec une sainte opiniâtreté qu'on lui apportât du feu.— Au Sacré-Cœur, il n'avait pas même de cheminée et occupait une pauvre chambre où pénétrait seulement le soleil du matin. En entrant dans le Tiers-Ordre, il éprouva le besoin d'augmenter encore ses austérités; demeurant seul, rien ne le retenait de mener une vie d'anachorète. Comme témoin de sa pénitence, on a trouvé une discipline sous son oreiller. et une ceinture de crin, large de 10 centimètres et bien usée; il coucha sur la dure, n'ayant dans son lit qu'une mauvaise paillasse Dans sa dernière maladie, l'obéissance seule le fit consentir à garnir son lit; il se laissa transporter dans l'appartement destiné aux étrangers.

Telle est sa simplicité et sa préférence pour la pauvreté, que son mobilier sans valeur se réduit au strict nécessaire:

un lit, une table, une commode, un secrétaire et une bibliothèque sont tout l'ameublement de sa chambre, ses vêtements sont de qualité médiocre, et la manière dont il les porte indique un homme moins soigneux d'orner le corps que l'âme. Cependant il ne veut pas manquer de dignité ; il sait qu'il doit imposer le respect dû au caractère sacerdotal ; voici une résolution prise à ce sujet en 1878 : « je m'appliquerai à mettre de la décence dans ma mise et dans la tenue de ma maison, à pratiquer la charité et l'aménité dans mes conversations, à garder une tenue irréprochable sur moi, dans mes sorties, dans l'église, à l'autel. »

A le juger sur les apparences. M. Louvel eût pu paraître presque mesquin, même intéressé ; mais rassurons-nous, le registre de ses dépenses va nous prouver combien il était large dans sa générosité. Ce registre est tenu avec une exactitude rigoureuse ; on aurait dit d'un serviteur obligé de rendre compte à son maître. Chaque mois est distribué en chapitres ; celui des dépenses personnelles est fort réduit, celui de sa nourriture est tel qu'on se demande comment il a pu lui suffire. Mais à côté je trouve le chapitre des aumônes : pour une famille pauvre 5 fr., 10 fr.; aux pauvres 8 fr., 10 fr.; pour un orphelin de Saint-Pavin 100 fr.; ainsi de toutes les œuvres de charité ; je n'en vois pas une à laquelle il n'ait participé. La moyenne de ses aumônes est d'environ 1,000 fr. par an ; même une année, en raison d'une fondation, à laquelle il portait un intérêt particulier, ce chapitre s'élève à 4,800 fr. Assurément pour y arriver, il dut fortement escompter sur l'avenir, ou se réduire par ailleurs, car ses ressources ordinaires n'y auraient pas suffi. A la retraite dernière 1887, il se propose de faire encore une fondation cette année. Sa générosité demeura généralement méconnue, peut être trop méconnue ; parce que semblable à ses autres vertus, elle voulait à tout prix rester dans l'ombre ; maintenant il est juste de l'apprécier.

Pour un prêtre, la mesure d'ordre essentielle entre toutes, est la tenue du cahier des messes ; le sien ne laisse rien à désirer ; c'est un calendrier où chaque mois occupe une colonne ; l'intention de chaque jour y est consignée. Il ne s'oubliait pas dans l'offrande du Saint-Sacrifice, car chaque mois a peu près, principalement aux jours de fête il dit la messe pour une intention particulière (à moi) : Il la célèbre fréquemment pour sa famille, ordinairement le dimanche. Le 2 octobre dernier, jour du saint Rosaire : Pour moi : malade ; lundi 3, point de messe, le mardi 4, idem, et la plume lui tombait de la main en cette fête de saint François, en même temps qu'il tombait lui-même pour ne plus se relever.

Son intelligence fut vraiment remarquable ; et malgré les obstacles apportés par sa mauvaise santé et la faiblesse de ses sens, il occupa la chaire de physique avec succès. Plus tard, s'il arrivait en conversation, qu'on le mit sur le chapitre des sciences qu'il avait enseignées, le professeur semblait se réveiller, répondait aux questions avec entrain, développait ses explications avec une condescendance charmante, étalant sans s'en apercevoir les trésors de connaissances approfondies ; on goûtait du plaisir à l'entendre. Ce qu'il savait, il le savait bien ; un jour, il alla visiter le cabinet de physique, au prytanée de La Flèche ; le professeur demeura vraiment émerveillé, de trouver en un homme de si modeste apparence, un savoir si étendu et si sûr. Cependant il n'avait cultivé ces sciences que par devoir ; il avait surtout goûté et approfondi les études ecclésiastiques ; jusqu'à la fin de sa vie il prit part aux examens du Séminaire, où on appréciait sa manière d'interroger ; rien de vague ni d'indécis dans ses questions ; il les posait très nettes, très satisfaisantes pour celui qui était en état de répondre. La part la plus considérable de son temps est consacrée à préparer ses instructions ; il les a écrites ; elles ne dénotent pas beaucoup de facilité ; il les compose à force travail et réflexion ; ses cahiers sont couverts de râtures, d'interlignes, de renvois à la marge ; mais par ce travail opiniâtre il arrivait à faire une œuvre irréprochable pour le fonds et pour la forme.

M. Louvel n'était pas homme à se faire prévaloir ; il n'aurait pas donné un avis sans être consulté ; mais interrogé par de jeunes prêtres dépourvus d'expérience, il répondait avec bienveillance, avec netteté, s'appuyant sur la théologie morale, qu'il possédait parfaitement. On pouvait aller le trouver, sans craindre de le déranger ; il mettait ses visiteurs à l'aise ; toujours affable, il semblait content de votre visite, donnait une décision très digne, très juste, très pratique et toujours très pieuse. Volontiers, de temps en temps, il voyait ses confrères à sa table ou chez eux ; il parlait peu, il ne savait aucune nouvelle ; cependant il prenait intérêt à la conversation, et à l'occasion s'abandonnait, en petit comité, à une franche gaîté. Sa famille le trouva toujours très affable, très affectueux, très compatissant à la peine, très sensible aux marques de confiance. La mémoire du cœur l'avait attaché à de nombreux amis, spécialement aux prêtres de son cours ; il ne manquait jamais de se rendre aux réunions annuelles, ses condisciples se montraient très heureux de le posséder.

Suivons-le maintenant dans les postes qu'il a successivement occupés. Nous le trouvons au Grand-Séminaire, très serviable pour ses collègues, d'un accueil très facile pour les séminaristes, ce qui ne l'empêchait pas de produire de la fermeté quand il y était contraint. Son humilité et sa foi le rendaient absolument soumis à la volonté de ses supérieurs ; aussi, quand on lui retira ses fonctions, pour lui confier la cure de Coulaines, il accueillit cette nouvelle sans surprise et sans amertume. Il aima Coulaines, et fit un vrai sacrifice en quittant cette paroisse. Il y était aimé, et son souvenir y vit encore, après vingt années d'éloignement. Il

commençait à se faire connaître par ses aumônes ; ses autres
qualités se révélaient aussitôt. Il prenait un soin spécial des
enfants de chœur, les dressait à leurs fonctions, leur témoignait plus d'affection qu'on n'aurait pu le supposer ; quel-
ques-uns lui sont restés longtemps attachés et le lui prou-
vaient par des visites régulières, tant à Saint-Pavin qu'au
Sacré-Cœur. L'annonce inattendue de sa mort a produit un
élan spontané, expression vraie de l'estime que ses anciens
paroissiens lui avaient conservée. — A Saint-Pavin, où il
résida jusqu'en novembre 1879, nous le connaissons un peu
mieux : il vit sous les yeux de témoins « heureux aujour-
d'hui de payer un tribut à sa mémoire, en rappelant la
bonne impression produite par sa vie en tout point édifiante ».

Curé dans une paroisse de grande ville, il n'y brilla pas
plus que précédemment par le dehors. « Sa timidité native,
son humilité, peut-être ses habitudes sédentaires d'homme
d'étude, qu'il avait contractées par goût et par devoir,
arrêtaient son initiative dans la pratique du zèle, dont son
âme toute sacerdotale était certainement remplie. S'il n'es-
saya pas de figurer dans les salons, s'il ne se répandit pas
plus que son devoir ne l'exigeait, parmi les gens à qui il
aurait fait plaisir, qu'il aurait certainement édifiés, cependant il ne négligeait pas les visites que lui conseillait la
charité. Où il se sentait plus à l'aise, où il affectionnait particulièrement de se rendre, c'était auprès des malades et des
pécheurs ; il y allait hardiment, fort de la sainte hardiesse
que donne la foi. Il leur témoignait une tendre sollicitude,
les consolait par de pieuses paroles, les aidait de sa bourse
quand ils étaient pauvres ; et vous le savez, Messieurs, ce qui
ouvre au prêtre toutes les portes, c'est une charité inépuisa-
ble. Il avait fait pratiquer à sa soutane des poches démesu-
rées, et il ne sortait guère sans y mettre du vin ; il se trouva
bien de cette petite industrie, car il la continua jusqu'à la

fin de sa' vie. Par tous ces moyens, il acquit sur cette paroisse importante et peu religieuse, je crois, une influence basée sur l'estime qu'imposaient sa vertu, sa générosité et son savoir. Aussi était-il respecté partout et par tous, par ceux-là même qui, dans les quartiers ouvriers, affectent souvent le dédain et l'insolence à l'égard du prêtre. Nous en avons eu la preuve au jour de sa sépulture. Tandis que son convoi parcourait les rues de Saint-Pavin, la population, rangée à droite et à gauche, se pressait avec recueillement sur le trottoir pour rendre hommage à son ancien curé, affirmant publiquement l'estime qu'on lui avait conservée. Après huit ans son souvenir s'était réveillé, et ces mots circulaient sur son passage : quel saint curé!

La piété est une vertu toute intérieure ; la routine et la tiédeur peuvent trop facilement usurper sa place, même dans les personnes les plus régulières à en remplir les exercices. Celle de M. Louvel, notre confrère, s'est souvent affirmée à l'église ou en conversation, par des mouvements, des regards, des paroles qui ne laissaient là-dessus aucun doute. Pendant sa méditation qu'il faisait presque toujours à l'église, en chaire, à l'autel, dans toutes les fonctions du saint ministère, il portait en sa personne, sur son visage, un air de recueillement profond, de conviction inébranlable, un je ne sais quoi qui frappait et édifiait les témoins, indice certain d'une piété réelle et très vive. — Une personne de Saint-Pavin disait un jour : « Quand M. le Curé nous prêche sur la mort ou sur le jugement dernier, il a l'air d'être si effrayé lui-même, si ému, que le ton rauque, convaincu, solennel de sa voix m'impressionne autant que ce qu'il dit. » — Profitant de ce que le presbytère est attenant à l'église, souvent ses visites au Saint-Sacrement étaient prolongées assez avant dans la nuit. Là, dans son modeste sanctuaire, à ces moments de repos et de silence, il récitait son bréviaire, faisait sa lecture spirituelle, méditait ou faisait le

Chemin de la Croix. Le Chemin de la Croix semblait son œuvre de piété favorite, jamais il n'omettait de le faire à l'intention d'un paroissien décédé ; il voulait, ce semble, par sa
propre pénitence, suppléer à l'insuffisance de celui qui venait
de rendre son âme à Dieu. — Ah ! il était pénétré d'une
réflexion qu'il avait confiée au papier, étant curé de Coulaines en 1861 : « La vue du cimetière doit rappeler cette
pensée à un curé : de tous mes paroissiens qui reposent ici,
il n'en est pas un seul, au jugement duquel il n'ait été parlé
de moi. »

Enfin, le voici aumônier du Sacré-Cœur, où se terminera
son existence. Sa vie continue d'être simple : elle se passe
au couvent et dans sa chambre, partagée entre l'étude et la
prière. Sa Grandeur Monseigneur d'Outremont, en l'annon-
çant à la Communauté, avait fait son éloge en deux mots :
il a toutes les vertus, il est aussi pieux que savant. Ainsi,
dès le début, il s'acquit la confiance unanime : voilà bien le
prêtre qu'il nous fallait, se disent les religieuses, et tout de
suite les pensionnaires s'abandonnent à sa direction. Son
extérieur recueilli prêchait la présence de Dieu ; en saisis-
sant le reflet de sa sainteté, on s'imaginait la physionomie
du vénérable curé d'Ars. — « Toujours à son poste, nous
écrit-on du Sacré-Cœur, plein de discrétion et de délicatesse,
il s'intéressait à tous nos petits événements de famille,
prenait part à nos fêtes, se prêtait à nos moindres désirs ;
les petits surcroîts de ministère, les imprévus, les dérange-
ments d'heure le trouvaient toujours égal. Selon lui, le bien
opéré dans les âmes, était plutôt l'effet du zèle d'autrui, que
du sien, et il rendait grâces à Dieu des secours étrangers
que la Providence nous ménage parfois ; s'effacer partout,
ne paraître que pour se dévouer, était son principe. Ses
habitudes de prière le ramenaient souvent dans notre cha-
pelle ; tous les matins, après la messe, on le trouvait pros-
terné et comme anéanti devant les stations du Chemin de la

Croix ; et quand le Saint-Sacrement était exposé, il avait peine à s'arracher au prie-Dieu, où il s'établissait des heures entières. Son enseignement dogmatique était clair et précis, malgré une certaine hésitation, qui disparaissait quand il traitait des sujets de piété. Particulièrement dans les exhortations du mois de Marie, rien n'égale l'onction, qu'il répandait sur son discours. — Le 19 mars 1883, Monseigneur d'Outremont, par une délicate attention, adressait à Madame la Supérieure la lettre, qui décernait à M. l'abbé Louvel le titre de chanoine honoraire. M. l'aumônier est introduit devant la Communauté réunie au parloir, sans se douter de ce qui l'attend. On lui demande de vouloir bien traduire la lettre épiscopale qui était en latin, et dont le contenu, ajoute la Supérieure, nous intéresse vivement. Les premiers mots sont traduits avec assurance, mais bientôt sa voix faiblit, il balbutie, il s'étonne : O ma Mère, vous m'avez trahi, s'écrie-t-il ; puis il ajoute : je ne dois cet honneur qu'à celui d'être votre aumônier. En raison de la Semaine-Sainte, on remit au Dimanche de Pâques de fêter le nouveau chanoine ; les enfants l'accueillirent à la salle d'étude par un joyeux *Magnificat*. A ces mots : *Et exaltavit humiles*, le silence se fait, et deux élèves lui adressent quelques strophes, véritable écho de tous les cœurs. Sensible aux maux de la Religion et à la perte des âmes, il ressentait comme une soif de la souffrance : eh! oui, disait-il à une religieuse, Dieu est bien offensé, c'est pour cela qu'il faut expier. — Enfin, ses forces étaient épuisées moins par le travail que par les austérités et sa carrière se terminait avec le mois d'octobre 1887. La mort n'a pas eu de surprise pour lui ; il l'envisagea avec fermeté. Dès le début de sa courte maladie, il en a sondé la gravité. Sans se croire perdu, il dit cependant à son médecin : j'ai confiance en vous, mais il faut, je crois, que je m'adresse plus haut. — Il prend ses précautions, règle ses affaires temporelles, revoit son testament, dresse ses papiers. Après avoir disposé de ses ornements sacerdotaux en faveur d'églises pauvres, il se réserve une chasuble violette dans laquelle il voulut être enseveli. Trois ou quatre fois, il put recevoir le Saint-Viatique, demanda l'Extrême-Onction de bonne heure, se prêta aux cérémonies, répondit à toutes les prières avec un grand esprit de foi. Huit ou dix jours avant de mourir, il fit venir ses anciens enfants de chœur de Saint-Pavin, aujourd'hui grands jeunes gens, et leur adressa les meilleures recommandations. Il a parlé peu dans cette maladie, il était si faible! d'ailleurs, c'était assez conforme à son habitude. Il se trouvait toujours très bien soigné, il n'a pas proféré une seule plainte, si ce n'est pour dire que la faiblesse dérangeait ses idées. Son confesseur dut lui interdire la récitation du bréviaire, mais sa prière était comme ininterrompue. Il ne prenait jamais rien, même un peu d'eau sans faire le signe de la croix et réciter le *Benedicite* avec une grande piété. Vous en dites beaucoup, lui fit-on observer? — Que voulez-vous, répondit-il, c'est la seule prière qui me soit permise. — Sur la fin, il ne pouvait plus prier; la sœur garde-malade répétait fréquemment des oraisons jaculatoires, et si elle s'interrompait trop longtemps : continuez, ma sœur, dit-il, je vous suis.

Mais le caractère spécial de ce temps, est un abandon absolu à la volonté de Dieu. Bien des fois, il renouvela le sacrifice de sa vie. — Je fais mon sacrifice, dit-il, mais quelle affaire d'entrer dans l'éternité! Il prenait plaisir à s'entretenir de cette vérité : O quel mystère que l'Éternité! dit-il encore.

II

Voilà tout ce que nous connaissons de l'homme extérieur en notre regretté confrère; pénétrons maintenant dans l'intérieur de cette âme toute sacerdotale. Nous en saurons encore trop peu, M. Louvel était si modeste! Personne ne l'a entendu parler de lui-même, sa mort seulement a mis au jour quelques papiers écrits pour son édification personnelle, qui tous se réduisent à des réflexions courtes et des résolutions prises à l'occasion de sa retraite, en vue d'en conserver les fruits. Une feuille nous prouve qu'il ne manquait pas au grand devoir de la reconnaissance, elle porte en titre : *Jours signalés par de grandes grâces :* ce sont les anniversaires de son Baptême, de sa première Communion, de sa Confirmation et de ses Ordinations.

Vivre en Dieu, vivre pour Dieu, voilà à quoi se résumera toute son existence. — Retraite préparatoire au Diaconat : je renouvelle la résolution prise à la dernière retraite, de faire toutes mes actions pour la plus grande gloire de Dieu, en union avec Jésus-Christ travaillant et souffrant pour la gloire de son Père ; puis il entre dans des détails pratiques afin d'arriver à ce résultat. Une préparation de cinq années où il fut toujours l'édification de son cours et de tout le Séminaire, devait laisser le champ libre à l'Esprit-Saint, dans son Ordination ; aussi, il n'en veut pas perdre le souvenir et la grâce : *In memoriam recepti sacerdotii :* quand je me sentirai porté à la tiédeur, entraîné vers les créatures, je me rappelerai ce que j'ai éprouvé au moment de mon Ordination. — Retraite de rentrée (année scolaire 1846-1847), persuadé que la vocation du chrétien, à plus forte raison du prêtre, est de connaître Jésus-Christ et de suivre ses exemples, je le prendrai pour modèle en toutes mes actions. J'imiterai surtout sa conformité à la volonté de son Père, par ma fidélité à faire la volonté de Dieu, et la perfection avec laquelle il faisait chacune de ses actions, par mon application à faire quelque chose, de la manière qui répondra le mieux, aux lumières que Dieu me donnera pour la bien faire. — Cette idée ne l'abandonnera pas dans tout le cours de sa vie. Dix ans plus tard, nous l'avons connu professeur au Grand-Séminaire, et la retraite ecclésiastique de 1856 lui inspire ces paroles : Je

veux, avec la grâce de Dieu, avoir une volonté ferme d'agir
en tout par des vues surnaturelles, volonté qui se manifes-
tera par la fidélité dans les petites choses. — Voici une autre
de ses résolutions : Obéissance parfaite au règlement, offrir
à Dieu cette fidélité en esprit de pénitence — Notons encore
celle-ci : *Attention et ferveur* dans mes exercices de piété.
D'autres auraient eu besoin de commencer par l'exactitude,
la régularité, non, il n'en est plus là, ses exercices de piété
se font toujours, ils ne laissent à désirer que pour l'attention
et la ferveur. — Il se propose encore de rapporter tout à la
sainte Messe, et il écrit : Prier Notre-Seigneur de me donner
avec son corps et son sang, son esprit, ses pensées, ses affec-
tions, ses désirs.

Nous avons vu quelle était sa mortification : directeur au
Séminaire, il écrit à propos du repas : j'ai des devoirs à remplir envers Dieu (prière, reconnaissance), envers le prochain
(attention pour ceux avec qui je suis à table), envers moi-
même.

Au séminaire, on apprend à faire l'examen particulier, ce
qui lui fait dire : ne point se décourager après les fautes
commises, surtout après les fautes de fragilité. Comme on le
voit, il n'avait pas l'esprit étroit, ni porté au scrupule. —
Voici une autre résolution de la retraite : retours fréquents
sur soi-même; qu'ai-je fait? comment l'ai-je fait? qu'ai-je
à faire? — Une autre année, en sortant du Séminaire : s'il
m'arrive de tomber par fragilité, je me souviendrai que si
j'aime Jésus-Christ, tout sera bientôt pardonné. Nous avons
le cahier de ses examens particuliers depuis 1878. Que
représentent les traits ou petits points marqués chaque jour?
il le savait; à nous ils apprennent combien il prenait au
sérieux cet exercice. Parfois, on y trouve une réflexion :
Vince te ipsum (se vaincre soi-même) — *Si labor terret, merces
invitet* (si le combat vous fait peur, la récompense vous y
invite) — *Age quod agis* (soyez tout entier à ce que vous

faites) — Le péché dans le prêtre, quelle monstruosité !.., —
Orabo spiritu (je prierai de tout cœur) — *Tantum proficies
quantum vim tibi intuleris* (plus vous vous ferez violence,
plus vous avancerez) — *Tempus breve est* (le temps est court) —
Ses dernières années, il y inscrivait les indulgences pléniè-
res applicables à chaque jour. En 1861, il vient d'être
promu à la cure de Coulaines, il y continuera sa vie régulière du Séminaire. Voyons comment il envisage sa nouvelle
charge. Il commence par s'occuper de lui-même : j'observe-
rai un règlement qui, dans la pratique, se prêtera aux exi-
gences de la condition du prêtre dans le ministère, et qui
aura pour but d'assurer l'accomplissement aussi exact que
possible de mes exercices de piété, et de me ménager chaque
jour un certain temps pour l'étude. Mes exercices de piété
seront les mêmes qu'au Séminaire ; le temps de l'étude sera
de 2 à 3 heures à chaque demi-journée, dont la plus grande
partie sera employée à préparer mes instructions.

L'étude n'a jamais été pour lui une passion, elle n'a pas
eu pour motif de satisfaire la curiosité, elle fut l'accomplissement d'un devoir. En 1879, il se proposa « d'étudier avec
assiduité, avec méthode, avec discrétion » et chaque jour il
y sera assidu, sauf le cas d'impossibilité morale. Il se disait
que « le temps n'est pas à nous ; nous n'avons pas le droit de
« le perdre, donc ce qui n'est pas réservé à la prière, au
« saint Ministère, au repos et récréation raisonnables, pour
« appartenir à Dieu, doit être employé à l'étude. » L'objet
de son étude est « la théologie dogmatique, morale et ascé-
« tique, le droit canonique, la Sainte Écriture, la prédica-
« tion. Préférer les études utiles à celles qui sont de curio-
« sité — une étude commencée doit être soutenue avec per-
« sévérance. »

Nous reproduisons exactement ses paroles. Il écrit encore :
« Le prêtre doit-être un Saint. Il doit être un Apôtre, tra-
vailler à la conversion des pécheurs, développer la piété

dans les âmes spécialement appelées à la perfection. » Nous sommes tous exposés à tomber sous la dent de quelqu'être malfaisant qui, par vengeance ou pour le seul plaisir satanique de faire la guerre à la religion, surveille le prêtre, cherche un prétexte pour le traîner dans la boue. Est-il prudent de braver le venin des mauvaises langues, et de continuer à fréquenter telle maison, telle personne, par la raison que nous sommes à l'abri du mal, forts de notre conscience ? lui ne le pensait pas, mieux vaut pécher par excès de prudence et par là réduire au silence les malveillants, ce qui lui fait dire en 1861 « Je veux éviter dans mes relations avec mes paroissiens tout ce qui pourrait donner lieu aux jugements téméraires et à la calomnie. » Il écrivit encore : « le désintéressement fait la gloire et assure la liberté du sacerdoce. Eviter tout ce qui pourrait me faire passer pour un prêtre intéresssé. — Je me propose de ne pas passer un temps trop long (une semaine) sans faire quelque visite utile au bien spirituel de ceux que je dois visiter. »

Relativement à l'administration spirituelle de sa paroisse, relisons encore quelques réflexions : faire venir fréquemment les petits enfants à confesse, pour qu'ils apprennent à se confesser parfaitement. — Lire des auteurs ascétiques, pour être capable de diriger les personnes pieuses. Donner tous mes soins à assurer la persévérance des enfants, spécialement des petits garçons, après la 1re Communion. — Entretenir avec les paroissiens des relations de politesse, de manière à pouvoir se présenter sans difficulté en cas de maladie. — Il faudrait que les paroisiens fussent habitués à recevoir la visite du prêtre, toutes les fois qu'il leur arrive d'être trois jours au lit. — C'est une salutaire pratique de renouveler l'absolution après les derniers sacrements. — Pénétrons encore plus avant, s'il est possible, dans son intimité, cherchons à lui dérober le secret de sa vie. — Voici le règlement du curé de Saint-Pavin 1879. — Je prends devant

Dieu la résolution d'observer ce qui suit : I. J'apporterai à mes exercices de piété, spécialement à la Sainte Messe, au Bréviaire, tout le soin, toute l'attention dont je suis capable. — II. Pour mieux employer mon temps, je suivrai un règlement auquel je m'astreindrai, toutes les fois que je n'en serai pas empêché par des raisons sérieuses, indépendantes de ma volonté. — Emploi de la journée : 5 h. lever suivi de l'Oraison. — 6 h., étude. — 6 h. 3/4, Prime.— 7 h., Messe, Action de Grâces. — 7 h. 3/4, étude. — 8 h. 3/4, déjeûner, puis récitation de Tierce, None. — Temps libre.— 10 heures 1/2, Examen particulier, étude. — Midi, dîner, Vêpres et Complies, temps libre. — 3 h. 1/2, étude durant deux heures. — Matines et Laudes. — A la chute du jour, à 6 h. 1/2, en été, lecture spirituelle, suivie de la visite au Saint-Sacrement. — 7 heures, souper. — Temps libre. — Chapelet, Matines et Laudes, si elles n'ont pas été dites plus tôt, prière du soir, préparation de l'Oraison du lendemain.

Nota. — Quand un exercice ne pourra se faire à l'heure règlementaire je m'en acquitterai, autant que possible, dans le temps libre qui suivra. — Les écritures et comptes de fabrique pourront se faire dans le temps affecté à l'étude.— Il en sera de même de ma correspondance, Mes études auront pour objet avant tout la préparation de mes instructions, la Théologie dogmatique morale et ascétiqne, Droit Canon, Ecriture Sainte, en un mot, les diverses branches de la science ecclésiastique. Les visites, spécialement celles des malades se feront ordinairement dans les temps libres. — Je m'interdirai les visites inutiles et ne donnerai aux visites utiles ou nécessaires, que le temps convenable. —Toutes les semaines, ou plus souvent, visite des malades en danger. — Tous les quinze jours, Confession : Tous les mois, retraite du mois. — Tous les ans, visite d'une partie de ma paroisse. Je prie la Sainte Vierge Marie, saint Joseph, saint François, saint Vital de m'aider à exécuter fidèlement ces résolu- .

tions. Il ne se croyait pas à ce moment, si près du terme de sa vie pastorale. L'année suivante, 1880, devenu aumônier du Sacré-Cœur il fallait apporter à sa vie des modifications : Mes fonctions se trouvant circonscrites dans un cercle restreint, je m'appliquerai à pratiquer le zèle, par la prière, par l'aumône, la mortification, l'assujettissement à une vie régulière. Pour que le bréviaire soit un aliment à la piété, je m'appliquerai à le réciter avec une certaine lenteur. Je me recueillerai un instant avant de le commencer, je me proposerai une intention spéciale à chaque heure, à chaque nocturne. Je suivrai un règlement de vie dont je ne m'écarterai que lorsque le bien le demandera. Ce règlement, c'est le même que précédemment avec les modifications imposées par le service de la communauté. En 1886, il écrit : je comprends le devoir et je sens le besoin de mieux faire mes exercices de piété, de célébrer la sainte Messe avec plus de dévotion, de réciter le bréviaire avec plus d'attention, etc. Pour obtenir d'être délivré des distractions qui m'obsèdent, je prends la résolution de m'appliquer à faire constamment le bon plaisir de Dieu, à lui offrir les sacrifices qu'il me demande. — 1887 : Je prends la résolution de traiter plus dignement la parole de Dieu et de préparer mes instructions, de manière à les rendre plus intéressantes et plus fructueuses. — Dans ce but je m'appliquerai à mettre de l'activité dans le travail de la préparation, et les jours ou je n'aurai pas rempli une tâche suffisante, eu égard aux circonstances je me retrancherai, au moins en partie, la lecture du journal quotidien.

Connaissant sa foi vive et sa piété, il nous eût été désirable de savoir comment il se prépara à la Vêture et à la Profession dans le T. O. de saint François. — Mais non, Dieu seul a été le confident de ses dispositions. — Toujours est-il, qu'ayant su l'intention ou étaient le plus grand nombre de ses frères, de se constituer en Congrégation, sous la direction des R. P. Capucins, il y adhéra avec un vif empressement.— Parlant du T. O. il dit : Cette œuvre me fait beaucoup de bien ; aussi jamais il ne manquait aux réunions mensuelles et il se montra tenace à conserver certaines pratiques pénibles, que plusieurs auraient voulu adoucir ou supprimer. — Un certain nombre de confrères lui adressaient leur bulletin mensuel; alors il dressa un tableau dont chaque colonne verticale appartient à celui qui est désigné par son numéro d'ordre sur la ligne. Les lignes horizontales désignent les mois ; ainsi il notait chaque bulletin qui lui arrivait. Il y a trois ans, vous l'avez nommé, M. T. C. F., membre du conseil, et le R. P. Directeur lui confia la charge de secrétaire. Jadis, curé de Coulaines, il avait rempli d'une manière fort remarquable cette fonction dans les Conférences ecclésiastiques du canton de Saint-Julien, et la renommée avait dit au diocèse que ses comptes rendus étaient des modèles en ce genre. L'expérience a prouvé quelle bonne acquisition nous avions faite. Sa docilité à remplir les prescriptions du R. P. Directeur, la lucidité avec laquelle il comprend et traite les questions, son exactitude à rédiger listes, circulaires et délibérations du Conseil, rendent encore sa perte plus regrettable. — Ses papiers sont collationnés dans le plus grand ordre ; sa correspondance est exactement suivie.

Voilà, MM. et chers Confrères, tout ce qu'il a été possible de recueillir sur cet édifiant confrère. — Ce peu est bien loin de nous le faire connaître tout entier, il était si modeste il ne parlait jamais de lui-même ; il n'a écrit que pour lui et ses écrits, sauf le produit de ses études, se réduit à ses résolutions. — Mais Dieu à qui rien n'échappe, a reconnu son « *serviteur fidèle et prudent* », il l'a accueilli selon ses mérites ; à nous il reste de nous édifier au souvenir de ses vertus et de marcher sur ses traces.

Le Mans. — Imprimerie Leguicheux et Cie, rue Marchande, 15 et 17.